MEDITACIÓN

Guía de sanación para la paz y la felicidad para principiantes

(Aprenda a meditar para la paz interior y la felicidad)

Illel Serna

Publicado Por Daniel Heath

© **Illel Serna**

Todos los derechos reservados

Meditación: Guía de sanación para la paz y la felicidad para principiantes (Aprenda a meditar para la paz interior y la felicidad)

ISBN 978-1-989853-87-0

Este documento está orientado a proporcionar información exacta y confiable con respecto al tema y asunto que trata. La publicación se vende con la idea de que el editor no esté obligado a prestar contabilidad, permitida oficialmente, u otros servicios cualificados. Si se necesita asesoramiento, legal o profesional, debería solicitar a una persona con experiencia en la profesión.

Desde una Declaración de Principios aceptada y aprobada tanto por un comité de la American Bar Association (el Colegio de Abogados de Estados Unidos) como por un comité de editores y asociaciones.

No se permite la reproducción, duplicado o transmisión de cualquier parte de este documento en cualquier medio electrónico o formato impreso. Se prohíbe de forma estricta la grabación de esta publicación así como tampoco se permite cualquier almacenamiento de este documento sin permiso escrito del editor. Todos los derechos reservados.

Se establece que la información que contiene este documento es veraz y coherente, ya que cualquier responsabilidad, en términos de falta de atención o de otro tipo, por el uso o abuso de cualquier política, proceso o dirección contenida en este documento será responsabilidad exclusiva y absoluta del lector receptor. Bajo ninguna circunstancia se hará responsable o culpable de forma legal al editor por cualquier reparación, daños o pérdida monetaria debido a la información aquí contenida, ya sea de forma directa o indirectamente.

Los respectivos autores son propietarios de todos los derechos de autor que no están en posesión del editor.

La información aquí contenida se ofrece únicamente con fines informativos y, como tal, es universal. La presentación de la información se realiza sin contrato ni ningún tipo de garantía.

Las marcas registradas utilizadas son sin ningún tipo de consentimiento y la publicación de la marca registrada es sin el permiso o respaldo del propietario de esta. Todas las marcas registradas y demás marcas incluidas en este libro son solo para fines de aclaración y son propiedad de los mismos propietarios, no están afiliadas a este documento.

TABLA DE CONTENIDO

Parte 1 1

Introducción 2

Capítulo 1: Estilos Y Técnicas De Meditación........................ 5

MEDITACIÓN BASADA EN LA RESPIRACIÓN 5
RELAJACIÓN MUSCULAR PROGRESIVA.. 10
MEDITACIÓN DE LOS CHAKRAS 12
LA MEDITACIÓN DE AMOR BENEVOLENTE (METTA) 15

Capítulo 2: Consejos Prácticos De Meditación 21

POSTURA 21
ROPA 25
UBICACIÓN 26
HÁBITO 27

Capítulo 3: Salud Mental Y Meditación: Una Gran Variedad De Beneficios... 29

Conclusión 34

Parte 2 36

Capítulo 1 37

Introducción: Historia De Meditación 37

Capítulo 2 42

La Conexión Entre Mente, Cuerpo Y Alma 42

Capítulo 3 48

Necesidad De Meditación 48

Capítulo 4 53

Metas Personales Para Meditar... 53

Capítulo 5 57

Preparándote Para Meditar 57

Capítulo 6 63

Obstáculos Comunes En Meditación 63

Capítulo 7 68

Posturas De Medición 68

Capítulo 8 73

Elementos Y Tipos De Meditación 73

Capítulo 9 77

Dándote Cuenta De Los Beneficios De La Meditación 77

Capítulo 10 83

Haciendo De La Meditación Una Práctica Diaria 83

Conclusión 88

Parte 1

Introducción

Quiero agradecerte y felicitarte por haber descargado este libro.

Este libro contiene pasos y estrategias útiles para lidiar con el agobiante ritmo de la vida moderna. Solo tienes que practicar unos pocos minutos al día; no cuesta nada y proporciona beneficios reales a tu balance emocional. De vez en cuando todos buscan una profunda relajación interna o se encuentran muy estresados. De forma similar, muchas personas sufren de ansiedad debido al trabajo, la economía, la salud, la familia, situaciones sociales y más.

Hay muchos tipos de meditación. Está la meditación guiada, la meditación de los chakras, la meditación Zen (Zazen), el Tai Chi (meditación basada en artes marciales), el Yoga, la meditación de auto-observación (Vipassana) y la meditación de amor benevolente (Metta), entre otras.

Debido a esto no siempre puedes estar seguro de a qué se refiere alguien cuando habla de «meditación». La meditación suele plantearse como una práctica religiosa, a veces es parte de una filosofía o modo de vida y otras veces no es más que una práctica cotidiana.

Para los propósitos de este libro, el término meditación se usará como la práctica cotidiana no religiosa de Occidente para lograr la relajación, combatir la ansiedad y liberar el estrés. Sin embargo, la mayor parte de la información provista podrá ser compartida con otros tipos de meditación, así que, incluso si tienes en mente un estilo particular de meditación, podrás beneficiarte y aprender al leer los contenidos de este libro.

En el primer capítulo de este libro aprenderás sobre los varios tipos de meditación que puedes practicar para terminar con el estrés y la ansiedad, además de lograr una relajación profunda.

En el segundo capítulo de esta guía aprenderás sobre los aspectos prácticos de la meditación, como las posiciones y posturas en las que puedes meditar y el equipamiento que puedes adquirir.

En el tercer y último capítulo aprenderás más sobre la naturaleza del estrés y la ansiedad y *cómo* puedes eliminar estas emociones con la meditación. Además, este capítulo te dará una perspectiva más centrada que te ayudará a llevarla meditación al próximo nivel.

Una vez más, muchas gracias por haber adquirido este libro. Confío en que te ayudará a encontrar el camino a la paz, la relajación y a una vida feliz y significativa.

Capítulo 1: Estilos y técnicas de meditación

Meditación basada en la respiración

La técnica de meditación más conocida es la que se basa en la respiración. Con esta técnica se aprende a liberar el control de la respiración mientras aún se es consciente del proceso. Mientras tu cuerpo inhala y exhala se irá relajando de forma gradual junto a tu mente. Cuando acabes te sentirás renovado.

Para comenzar a meditar primero ponte en tu lugar y posición de meditación elegidos (para una guía sobre este tema, ver capítulo 2). Luego, mientras respiras por la nariz, concéntrate en la sensación del aire que entra y sale por las fosas nasales.

No trates de controlar el aire, solo déjalo fluir. Si tu mente se distrae con pensamientos vuelve a centrar tu atención en la sensación del aire que entra y sale.

Es importante que no te dejes llevar por la frustración si te distraes de forma constante. La meditación engloba todo el proceso de entrenar tu mente para que se relaje y se vacíe, no solo el resultado final. Incluso si sientes que una sola sesión de meditación ha sido infructuosa, lo que realmente te llevará a la relajación es el continuo proceso de aprender a centrarte y alejarte de todo.

Con una práctica regular mejorarás tu habilidad de poner atención a la respiración y podrás encontrar esos momentos de paz interior de manera más fácil.

Cuanto más practiques y mejores con esta meditación, podrás seguir la respiración a una mayor profundidad dentro de tu cuerpo. Puedes seguir la sensación del aire que entra a tu sistema respiratorio mientras los pulmones y el diafragma se expanden. Cuando la inhalación termine, notarás el aire que reside en tu cuerpo por una breve pausa y podrás empezar a exhalar.

Si aparecen emociones intensas, no las rechaces. Deja que cualquier tipo de emoción te invada; cuanta mayor atención le pongas a esa emoción es más probable que se disipe y acabes más relajado.

Por lo general, cuando respiras profundamente lo haces con el estómago en lugar del pecho. Si se expande tu pecho en lugar del diafragma (que está a la altura del ombligo), entonces tu respiración es leve. Esto puede estar evitando que te relajes por completo.

Sin embargo, aunque tu respiración no sea profunda, es importante mantener el control de ella e intentar mejorarla. Mientras sigas concentrándote y practicando de forma regular, tu respiración se volverá más profunda y tranquila.
Si te resulta particularmente difícil,

algunas ayudas mentales podrían serte de ayuda. Por ejemplo, un método muy común para incrementar la respiración es pensar en las palabras «inhala» y «exhala» mientras lo haces.

Otro modo de mantener el ritmo es contar mientras respiras. Cada vez que llegues a cierto número, como el 10, debes volver a empezar de 0. De otro modo es probable que te dejes llevar y no prestes atención a la respiración; empezar de nuevo te mantiene despierto. Si te encuentras contando hasta el 11 o más, es porque no has estado prestando atención.

Mantente concentrado en esto por el tiempo que desees. Por lo general, para un principiante, una buena meditación debería durar unos 15 minutos. Si practicas de forma regular puede que quieras extender el tiempo de meditación, lo que está muy bien.

Sin embargo, al principio deberías mantener un lapso de tiempo que puedas manejar con facilidad. Obligarte a meditar por más tiempo del que te sientes cómodo hará que estés intranquilo mientras meditas, lo que iría en contra del propósito de esta práctica. Además, forzarte a meditar más de lo usual impedirá que quieras seguir meditando en el futuro.

Por otro lado, también puedes probar con sesiones más cortas cuando te sea conveniente durante el día. Si tienes cinco minutos libres en el trabajo intenta con una breve meditación para relajarte.

De forma similar, si te encuentras muy estresado intenta darte un minuto para calmarte y respirar. Puedes incorporar la meditación en tu vida diaria de incontables maneras. Una vez empieces a sentir los beneficios de esta práctica encontrarás el modo de meditar en cualquier momento de tu vida diaria.

Relajación muscular progresiva

Además de la meditación basada en la respiración hay otros métodos de visualización que puedes usar para relajarte. Un tipo de meditación popular es la «relajación muscular progresiva» que, como su nombre sugiere, relaja tus músculos de forma progresiva.

Para esta práctica primero empieza meditando con la respiración por un minuto o dos. Luego concentra todas las sensaciones y sentimientos en el pie derecho. Tómate un momento para concentrarte en esa área, empezarás a ser consciente de las pequeñas sensaciones y estímulos de los que normalmente no te das cuenta.

Luego empieza a trasladarlo hacia arriba, hacia el tobillo o las pantorrillas, y repite el proceso. Ve trabajando hacia arriba de forma gradual por el lado derecho del cuerpo, pasando por cada parte hasta llegar a la corona de la cabeza. Cuando hayas llegado, repite el proceso hacia abajo por el lado izquierdo del cuerpo hasta llegar al pie.

No hay una cantidad de tiempo exacta en la que debas permanecer en cada zona del cuerpo, determina lo que se sienta bien para ti y luego continúa. Este tipo de meditación se puede practicar por un minuto para quitarte el estrés del momento o puedes hacerlo a un ritmo más lento como un ejercicio.

Cuanto más practiques la relajación muscular y logres desarrollar la habilidad con este tipo de meditación, más fácil será concentrarte en zonas más pequeñas. Por ejemplo, con un poco más de experiencia, en lugar de centrarte en un pie podrás hacerlo con cada uno de los dedos.

También podrás concentrarte en la planta y en el arco del pie, el talón y el empeine. Con partes más pequeñas podrás lograr una mayor relajación, tu cuerpo se sentirá más fuerte y enérgico.

La relajación muscular progresiva es particularmente útil para ayudarte a dormir. Mientras que la meditación basada en la respiración es algo consciente (lo que no ayuda mucho cuando intentas descansar), la relajación muscular es relajación pura.

Meditación de los chakras

Además de la relajación muscular progresiva, puedes intentar con la meditación de los chakras. Los chakras son un concepto originario del hinduismo y el budismo, pero muchos occidentales practican la meditación de los chakras sin pertenecer a esas religiones.

La meditación de los chakras más popular se centra en abrir los siete chakras principales del cuerpo: el chakra raíz, el chakra sacro, el chakra del plexo solar, el chakra del corazón, el chakra de la garganta, el chakra del tercer ojo y el chakra de la corona. Cada uno de estos chakras representa cierta energía espiritual y emocional y al abrir cada uno se cree que puedes mejorar tu bienestar emocional.

Para abrirlos debes concentrarte en la ubicación de cada uno de los chakras, lo que simbolizan y los sentimientos que fomentan.

Empiezas con el primer chakra que se encuentra en el perineo. El chakra raíz trata con la seguridad y las necesidades básicas del cuerpo, como el agua y la comida. Para abrir este chakra, mientras te concentras en la zona del perineo, piensa en lo que te hace sentir seguro y céntrate en el hecho de que estás a salvo y tus necesidades básicas están satisfechas.

El chakra sacro se relaciona con las relaciones interpersonales, el deseo sexual y la pasión. Para abrirlo concéntrate en las zonas que rodean la ingle, piensa en las actividades y las personas que amas, déjate llevar por la pasión que sientes por las cosas que disfrutas.

El chakra del plexo solar está asociado con la confianza y el control de nuestra vida. Este chakra se localiza alrededor del estómago. Para abrirlo piensa en momentos en los que has sentido confianza, autoestima y el poder que tienes sobre tus acciones.

El chakra del corazón trata con el amor y se ubica en el corazón y en el sistema respiratorio. Parar abrirlo concéntrate en el amor que sientes por ti mismo y por los demás. Permite que este amor sea incondicional e infinito.

El chakra de la garganta trata con el habla y la comunicación y se localiza alrededor de la garganta. Para abrirlo piensa en las veces en que has expresado tu opinión de manera hábil y honrada. Céntrate en tu obligación de decir la verdad y expresarte.

El chakra del tercer ojo se relaciona con la percepción, se trata de ver la realidad con claridad y la relación de las cosas. Para abrirlo piensa en cómo las cosas en el mundo y en tu vida están interconectadas y concéntrate en las veces que repentinamente comprendiste algo que antes no.

Por último, el chakra de la corona se localiza en la parte superior de la cabeza y el cuero cabelludo. Está asociado con la sabiduría y la percepción, la comprensión de lo que sabes. Para abrirlo céntrate en las veces que te has sentido inspirado, que has apreciado la belleza del mundo y te has sentido en paz contigo mismo.

La meditación de amor benevolente (Metta)

El último tipo de meditación que mencionaremos es la meditación de amor benevolente. Esta meditación, llamada

Metta, se origina en el budismo y se usa para generar calidez y alegría hacia uno mismo y a los demás. Aunque en la introducción se mencionó que esta guía está dirigida a un punto de vista más bien práctico y occidental de la meditación, la Metta también puede usarse sin connotaciones religiosas. No se basa en creencias ni en beneficios sobrenaturales o científicamente no factibles, simplemente se trata de ejercicios que intentan cultivar la calidez, la amistad y la buena voluntad.

Es importante incluir la meditación Metta porque es considerada por muchos como un antídoto para el estrés y la ansiedad. A veces nuestra vida resulta difícil debido a relaciones interpersonales mediocres. Arruinamos pequeñas situaciones entre nosotros y los demás por manejarlas con poco tacto. Solemos perder el temperamento o dejamos extinguir nuestra fe y amor hacia amigos y familiares.

Estas heridas que tenemos en nuestra vida

pueden erosionar nuestro bienestar y volverse una mayor causa de estrés. Aprender a valorar a la gente que te rodea y generar buena voluntad a pesar de las circunstancias puede llevarte a acabar con gran parte del estrés.

Incluso si no sufres con las relaciones interpersonales puede que tengas problemas contigo mismo. Es muy común que las personas abusen mentalmente de sí mismos aunque no traten de ese modo a los demás. Las personas se reprenden por sus fallas y viven el día a día odiándose a sí mismos y creyendo que no merecen felicidad.

De modo que no es de sorprender que muchos vivan estresados o con ansiedad; tienen que lidiar con mucha angustia mental innecesaria, incluso antes de tener que tratar con otros asuntos en su vida. Aprender a generar buena voluntad hacia uno mismo con la meditación Metta puede ayudarte, o a alguien que conozcas, a superar esta clase de cargas.

El primer paso en la meditación Metta es visualizar algo que fomente los sentimientos de amor y calidez en ti. Puede ser alguien por quien sientas mucho amor, como una pareja o un familiar, pero también puede ser un animal o una idea.

Muchos piensan en cachorros o gatitos para evocar la sensación de benevolencia y visualizan el afecto hacia esos animales cuando están necesitados. Concéntrate en la idea que hayas escogido por un minuto o dos hasta que la sensación de calidez sea fuerte.

Luego, visualízate a ti mismo y aplica esta calidez en ti. Desea ser feliz y libre de dolor, perdónate por cualquier falla o error que puedas tener. Una vez más, céntrate en esta visualización por varios minutos hasta que la calidez en ti sea fuerte. Si la sensación disminuye, regresa a la idea que te generó calidez al principio y concéntrate en ella hasta que la sensación se incremente otra vez.

Luego de haber aplicado los sentimientos de calidez en ti, imagina a un amigo o familiar que te importe. Asócialo con esa sensación, deséale bienestar, felicidad y una vida sin dolor. Céntrate en esa persona y la calidez que le transmites por varios minutos.

Luego visualiza a alguien por quien no tengas fuertes sentimientos. Puede ser alguien que conozcas, pero no alguien que quieras o que te desagrade, alguien de quien hayas oído, o un famoso, pero que te resulte indiferente. Visualiza a esta persona y transmítele esos sentimientos, deséale bienestar, que encuentre la felicidad y que esté libre de cualquier dolor.

Por último, visualiza a alguien que te desagrade. Puede ser alguien con quien tengas problemas personales, un familiar difícil o un colega del trabajo. Si no se te ocurre nadie, piensa en algún político o figura histórica con quien no simpatices, alguien cuyas acciones no toleres. Permítete sentir calidez por esta persona, deséale bienestar, felicidad y una vida sin dolor.

Luego de esta visualización habrás completado tu meditación Metta. Al igual que los otros tipos de meditación, puede que tus primeros intentos de meditar no te produzcan sentimientos fuertes o te sientas muy fructífero. Sin embargo, con un poco de disciplina y práctica regular puedes empezar a encontrar el estado de calma, alegría y paz que buscas.

Capítulo 2: Consejos prácticos de meditación

La meditación puede ser una práctica difícil sin los variados factores auxiliares que pueden influenciar tus resultados. En este capítulo aprenderemos consejos y trucos para una meditación más exitosa.

Postura

En primer lugar, es importante aprender las posturas correctas en las que meditar. Muchos prefieren recostarse sobre su espalda o sentarse con las piernas cruzadas sobre el suelo cuando intentan meditar. Sin embargo, estas posturas no son las mejores; recostarte puede llevar a que te duermas cuando te relajes, mientras que sentarte de piernas cruzadas puede resultar incómodo (además de malo para las articulaciones) por largos períodos de tiempo.

En su lugar lo mejor es intentar sentarse

en la postura de loto o de medio loto. El medio loto se refiere a la postura en la que te sientas en el suelo con una pierna doblada sobre la superficie y la otra doblada encima. A diferencia de la posición sentada con piernas cruzadas, la de medio loto evita la presión en tus tobillos o pantorrillas y suele producir menor entumecimiento. Además, esta postura es más estable y balanceada, lo que significa que tu posición no se degradará con el tiempo.

Sin embargo, la postura mayormente aceptada para meditar es la de loto. En esta postura te sientas con ambas rodillas presionadas sobre el suelo y cada pie descansa sobre el muslo opuesto. Esta posición es mucho más estable y los expertos en meditación pueden permanecer en esta postura por largos períodos de tiempo sin ninguna incomodidad.

Sin embargo, para un principiante en meditación lo mejor es mantener el medio loto. La mayoría de las personas occidentales no tendrán la suficiente flexibilidad para sentarse en esta posición, y los que sí puedan no podrán mantenerla por mucho tiempo sin notar molestias. Si meditas de forma regular y deseas avanzar con tu práctica, sería adecuado aprender estiramientos y flexiones que te permitan sentarte en la postura del loto, pero mientras tanto lo mejor para una persona promedio es el medio loto.

Si no te encuentras cómodo sentándote en el suelo, en especial si eres principiante, no desesperes. No es esencial que te sientes en posturas cuando meditas, estas posiciones solo son populares como un modo a medias para mantener la comodidad y la mente despierta al meditar.

Puedes recostarte en la cama o sentarte en un sillón, pero debes asegurarte de mantenerte despierto y concentrado durante la meditación. Si decides recostarte deberías colocar los pies sobre el suelo o la cama para que las rodillas queden levantadas, de este modo evitarás quedarte dormido. Y si decides sentarte en una silla, busca una que tenga un respaldo firme para tu espalda.

Además es beneficioso si colocas la suela de tus pies contra el suelo si estás sentado, ya que promueve el balance y la conexión con la tierra. Por otro lado, un accesorio como una almohada grande o un *Zafu* puede ser útil.

Como última aclaración, no te preocupes si tus piernas empiezan a sentirse entumecidas durante la meditación. Es una creencia popular que el entumecimiento se debe al corte de circulación de las extremidades, lo que no es verdad. Si empiezas a sentirte entumecido es probable que se deba a la presión aplicada a los nervios en tus extremidades. Esto no es dañino ni afectará a tu cuerpo, y cualquier entumecimiento pasará luego de descansar unos minutos al acabar la meditación.

Además, si llegas a sentir dolor o no puedes tolerar la sensación, siéntete libre de reajustar tu posición o de tomar un descanso. El propósito de las meditaciones provistas en este libro es para la relajación, así como para liberar la ansiedad y el estrés. No te dejes perturbar por el entumecimiento o la incomodidad, simplemente intenta con otra postura o medita por períodos más cortos.

Con el tiempo, si meditas de forma regular, tus extremidades ya no se verán tan afectadas y estas sensaciones se volverán menos intensas.

Ropa

Además de aprender sobre las posturas adecuadas también es buena idea pensar en el atuendo que uses. Siempre debes intentar meditar con ropa holgada y ligera. La ropa pesada o ajustada puede volverse incómoda muy fácilmente y causar entumecimiento. La ropa deportiva o un pijama suelen ser buenas opciones, pero si no te importa invertir un poco, las túnicas o pantalones yogui son una buena opción.

Ubicación

Finalmente debes considerar dónde querrás meditar. Puedes hacerlo de manera oportuna durante el día para ayudarte a deshacerte del estrés o la ansiedad del momento. Sin embargo, muchas personas prefieren meditar de manera más formal, en silencio y soledad. Deberás encontrar una ubicación adecuada; una buena opción puede ser designar una habitación en el hogar, una que no se use habitualmente.

Deshazte de cualquier distracción, como dispositivos electrónicos, con luces o ruidos. Si el área en la que vives es demasiado ruidosa para meditar durante el día, puedes intentar hacerlo temprano en la mañana o tarde en la noche, antes de que empiecen o luego de que acaben esos ruidos.

Hábito

Si te tomas la meditación en serio, es importante que *encuentres* el tiempo para tu práctica, en lugar de solo decir que lo harás. La vida siempre logra meterse en medio y puede que el tiempo que hayas designado para meditar sea consumido espontáneamente por otras actividades o responsabilidades. Establece un horario para meditar y aplícalo todos los días, prioriza tu práctica por sobre otras actividades de menor importancia.

Después de todo, por lo general no necesitas pasar tiempo mirando la televisión o procrastinando en internet. Redirecciona la atención que sueles aplicar a hábitos no constructivos, que también pueden estar contribuyendo al estrés y a tendencias depresivas. Convierte la meditación en un hábito. Te sentirás más vigoroso, en calma y contento durante y después de la práctica.

Capítulo 3: Salud mental y meditación: una gran variedad de beneficios

La meditación empieza a ser apreciada en el ámbito científico debido la variedad de beneficios que provee a la salud mental. De acuerdo con el Servicio Nacional de Salud de Reino Unido la meditación consciente puede reducir los niveles de depresión hasta un 50% y puede alterar la química y la estructura del cerebro. En este capítulo aprenderemos sobre temas relacionados con la salud mental y cómo la meditación puede ayudar a mejorarlos.

Las razones que se citan como efectos positivos se refieren a cómo la meditación entrena a las personas para relajarse y redirigir su atención de pensamientos negativos, los que pueden estar contribuyendo o ser la causa de depresión. La mayoría de las variantes de meditación incentivan a centrarse en el presente y no permitir distracciones con otros pensamientos.

Las personas que sufren de ansiedad personal o social suelen estar asociadas con patrones de pensamientos negativos. Es común que las personas con ansiedad piensen en situaciones antes de que ocurran o se obsesionen con sus errores mucho después de que ocurrieron. Además, suelen tener baja autoestima y pensamientos negativos y dañinos muy recurrentes como «No sirvo para nada» o «Nunca voy a ser feliz».

Lo importante aquí es que, si consideras que tus pensamientos pueden estar provocándote infelicidad, depresión o ansiedad, entonces la meditación puede ser un método que puedes usar sin ningún otro accesorio para ayudar a mejorar tu estado.

Muchos evitan usar cualquier tipo de medicación por los posibles efectos secundarios. Además, para los que sufren de ansiedad o depresión, algunas técnicas intrusivas o interpersonales como la terapia cognitiva conductual o la terapia grupal pueden resultar agobiantes.

La meditación ofrece un medio para mejorar la salud mental sin la necesidad de depender de medicamentos o intimar con otros. Puedes meditar en la comodidad de tu casa, sin costo alguno, cuando quieras y a tu propio ritmo. Además, no se ha documentado ningún efecto secundario con la meditación, así que si al final no termina por mejorar tu condición tampoco te arriesgas a perder nada.

Tampoco es necesario que lidies con algún asunto de salud mental para aprovechar los beneficios de la meditación. Incluso siendo perfectamente feliz la meditación puede mejorar tu concentración y disminuir la susceptibilidad al estrés y a la ansiedad a futuro.

Los problemas de salud mental aún siguen siendo muy estigmatizados en la sociedad occidental, de modo que muchos sufren en silencio y temen ser juzgados por hablar de lo que sufren.

Así mismo, la conexión entre el sufrimiento emocional y los desórdenes mentales no es muy clara o comprendida. Las personas no quieren ser etiquetados como «eso» y «aquello», admitir que tienes un problema es como decir que padeces de algo concreto e inherente, mientras que por lo general muchos padecimientos son pasajeros.

También está la antigua creencia de que quienes sufren de algo mental están locos, son peligrosos o débiles. La verdad es que ninguno es cierto. Es más probable que las personas sufran estos problemas debido a una gran variedad de factores genéticos o ambientales que debido a particularidades de la personalidad.

Muchos de los que sufren de depresión, estrés o ansiedad logran funcionar de manera normal con sus amigos, en sus carreras y actividades sin ninguna dificultad aparente.

Lo más importante no es solo evitar estigmatizar o etiquetar, sino el hecho de buscar ayuda y mejorar tu condición. Si sientes que sufres de depresión o ansiedad no te centres en lo que los demás pensarán de ti, en su lugar intenta hacer algo, como la meditación, para mejorar tu estado.

Los beneficios de la meditación son mayores que el tratamiento de padecimientos mentales. La meditación también mejora la concentración e incrementa los niveles de tolerancia al dolor.

Como último consejo de este capítulo, si crees que estás sufriendo de problemas mentales, no dudes en buscar la ayuda de un profesional. La meditación puede mejorar tu estado junto a otros tratamientos, pero lo mejor siempre es informarte visitando a tu médico de cabecera.

Conclusión

Una vez más, muchas gracias por haber adquirido este libro.
Espero que te haya sido de ayuda para conocer los muchos métodos en los que la meditación puede contribuir y mejorar tu vida y la de los demás.

El siguiente paso es empezar tu propia práctica de meditación. Meditar de forma regular tendrá un gran efecto en tu vida, reducirá el estrés y la ansiedad y no tiene ningún inconveniente. La meditación se practica en todo el mundo y sus técnicas han sido mejoradas y perfeccionadas durante siglos.

Aprender cualquier método de meditación te llevará a una mejor conexión contigo mismo y a la relajación. Ya sea que concentres la meditación en tu respiración o en los chakras, el objetivo es mejorar tu bienestar espiritual y emocional. Además, el fomento a la relajación y a la mejora de tu concentración al meditar es una cura natural para el estrés, la ansiedad y la depresión.

Parte 2

Capítulo 1

Introducción: Historia de Meditación

La práctica de lo que conocemos como meditación empezó hace unos 2.500 años entre los Budistas. La raíz de la palabra Meditación es "sati" que se traduce vagamente como memoria en el lenguaje Brahmánico. Se refiere a los inicios de la práctica adoptada por los Brahmanes donde ellos aclaraban su mente de todas las distracciones y pensamientos laterales antes de iniciar a memorizar un escrito.

Esta práctica fue adoptada por Buda en su búsqueda de la paz interna. En lugar de memorizar textos, el la usaba para conectarse con el alma del mundo durante la meditación.

La mayoría de las nociones modernas sobre la Meditación se deriva del vipassānāvada que habla de meditación (o del satipatthana como se refiere en esos textos) como forma de meditación donde la persona obtiene un sentido de claridad con solo estar consciente de las actividades y cambios a su alrededor.

Sin embargo, esta es una de las interpretaciones más comunes del vipassānāvada. Diferentes escuelas de pensamiento difieren en lo que constituye exactamente la práctica del satipatthana. Hay cerca de siete diferentes adaptaciones del mismo texto.

Sati y upatthana son las palabras raíces para satipatthana. Esto se traduce como 'poner' o 'establecer'. Lo que significa que la persona que practique esta técnica se vuelve más conciente de la presencia de si y de otros objetos en el reino del universo.

Cada escuela de pensamiento del Satipatthana se relaciona a un ancestro común. La raíz antigua del texto se ha derivado en varias formas por diferentes estudiantes, escolares y practicantes. Las escuelas de pensamientos comenzaron a formar y diferir entre si justo después de la muerte de Buda. Probablemente, la versión de Pali Abhidamma Vibhanga es la menos adulterad de todos los textos disponibles en la actualidad. Sin embargo, es mucho más difícil de entender y de implementar. Por lo tanto, la mayoría de los practicantes se inclinan hacia otros textos más simples para que los guíen.

Esta simplicidad surge de los cambios graduales que se produjo a través del tiempo. El aspecto samtha del satiphathanna recibió prioridad mientras que el aspecto vipassana fue se redujo de forma gradual. Este gran cambio es común entre todas las escuelas de pensamiento que evolucionaron el texto con el tiempo. Como resultado esto causo varios desacuerdos en el proceso de interpretación.

Sin embargo, a pesar de las diferencias, la meta y alma básica del satiphatthana se mantiene uniforme a través de todas las escuelas de pensamiento.

La práctica del satiphatthana se abrió camino al Oeste, primero a través de Vivkanada cuyas interpretaciones distintivas y personalizadas del texto fueron muy bien recibidas por la audiencia Occidental. Los lineamientos de la práctica también se volvieron muy accesibles después que la Sociedad de Texto Pali tradujera los Sutras Budistas al Ingles. Sin embargo, fue durante el siglo 19 que el concepto Oriental de meditación se ancló por primera vez en el mundo occidental. Esto fue a través de los trabajos de D. T. Suzuki, que presentó una interpretación práctica que se ajustaba más al estilo de vida Occidental.

El programa para la Reducción de Estrés Basado en la Atención Plena (MBSR por sus siglas en Ingles) fue creado en la Universidad de Massachusetts en 1979 por Jon Zin. El programa estaba dirigido a dar alivio a aquellos que tenían enfermedades terminales. Gracias a la gran respuesta al Programa de Reducción de Estrés Basa en la Atención Plena, ahora se encuentra funcionando conceptos similares al MBSR en varios centros comunitarios como prisiones, escuelas y hospitales.

Estudiando el acercamiento histórico de la meditación y rastreando su evolución a través de varias escuelas de pensamiento, nos ayuda a tener un entendimiento más claro y pronunciado de la práctica. Al referirnos al texto auténtico podemos obtener una idea más productiva, practica y emocional de la tradición de satiphatthana.

Capítulo 2

La conexión entre mente, cuerpo y alma

La investigación y las estadísticas han demostrado que la proporción del crimen se mantiene a la alza. La proporción es más alta en grandes ciudades llenas de vida que en los suburbios que son más tranquilos. Los medios impresos y electrónicos con frecuencia reportan incidentes de crímenes infames que te dejan temblando. No confunda estos crímenes con crímenes cometidos por desesperación. Nosotros vivimos en una parte desarrollada del mundo. Los delincuentes no están cometiendo estas autocracias para alimentar a sus familias. Entonces ¿Qué es exactamente lo que los lleva a este fin? La respuesta a esta pregunta no es tan sencilla. Si tuviera que resumirlo, yo diría que la falta de satisfacción es la raíz de la causa. Conforme la vida avanza y nosotros, como raza humana evolucionamos, el nivel de descontento aumenta de forma consistente. No estamos satisfechos con lo que tenemos. Entre más nos da la vida, más demandamos de ella.

Debido a esta falta de satisfacción hay impulsos violentos subyacentes dentro de nosotros. Algunas veces se salen de control y explotan. Indicios de esto se pueden observar durante temporada de caza, guerras nacionales y lugares de trabajo. Estamos al filo de nuestras ataduras al final del día laboral o después de perder un partido. Nos hemos transformado en animales feroces a la menor provocación. Perdemos nuestras mentes al menor insulto imaginable.
Como sociedad tal vez hemos evolucionado como sociedad, pero aun somos muy similares a los ciudadanos Romanos sedientos de sangre. En la actualidad podríamos analizar sus patrones sociales en libros de psicología y desaprobar sus comportamientos, pero esencialmente somos muy parecidos a ellos. La única diferencia es que en lugar

de buscar el derramamiento de sangre, hemos descubierto modos más sutiles de herir mortalmente a una persona. Con nuestros comentarios sarcásticos y retrocesos, obtenemos los mismos resultados, pero de una manera mucho menos obvia.

Aun persiste la lucha. Solamente han cambiado los detalles de la lucha. Nosotros, los humanos hemos encontrado una sádica satisfacción al criticar a otros. Tratamos al personal de limpieza y a personas que trabajan en posiciones inferiores con una mezcla de repulsión y piedad. Dentro de nuestras esferas de trabajo, hacemos lo mejor para asegurarnos que otro no obtenga una promoción o aumento. Queremos todo solamente para nosotros. En nuestras mentes, el éxito no solo se define por nuestras conquistas, también incluye asegurarnos de que nadie más obtenga lo que nosotros tenemos. Es inquietantemente similar a una lucha a muerte. Convertirse en un buen espadachín no es suficiente. Tienes que asesinar a los demás para probar tu valía.

Una vez que hemos conquistado a lo que nos hemos destinado, inicia otra lucha perpetua. No importa lo que hemos adquirido. Pueden ser notas académicas excelentes o una promoción o un reluciente auto nuevo. Queremos aferrarnos a nuestras posiciones que nos diferencian. Si alguien es un ejecutivo en una firma prestigiosa, el/ella quiere mantener esa posición por siempre. Si es posible, el/ella se lo llevaran a la tumba. Tener algo no es suficiente. Lo tenemos que tener por siempre.

En nuestra obsesión de aferrarnos a cosas materiales, también nos aferramos a nuestros cuerpos como una extensión. Nos inducimos a creer que la cáscara de nuestra alma siempre permanecerá como vitalidad. Sin embargo, la realidad nos golpea en varias formas. Dolor en las articulaciones, arrugas alrededor de los ojos, líneas de sonrisa más profundas. Cuando nos enfrentamos cara a cara con la innegable realidad de naturaleza impermanente de nuestro cuerpo, tomamos todas las medidas posibles para invertir o retrasar el proceso. Solo enciende la televisión y navega entre los comerciales. ¿Qué tienen todos en común? ¡Todos te prometen juventud! El lujoso auto te hará sentir joven nuevamente. Tal máquina de afeitar te dará la rasurada más suave que te hará sentir como un jovenzuelo. La innovadora tecnología de un suero particular desvanecerá líneas y arrugas finas. La lista sigue. La lucha por aferrarte a la juventud continua.

Puedes estar preguntándote, ¿Cuál es el propósito de esta perorata? La respuesta a eso es que, la juventud es un símbolo de nuestro pasado, de nuestra gloria. Somos incapaces de dejar ir el pasado, especialmente si el pasado consistía de cierta cantidad de prestigio. Comparamos lo que teníamos con lo que tenemos y surge el descontento. La falta de dejar ir al pasado es la raíz de toda insatisfacción.

Esta es la razón por la cual necesitas

meditar en tu vida. Así puedes dejar ir al pasado y liberarte del ciclo sin fin del deseo y la insatisfacción.

Capítulo 3

Necesidad de Meditación

Puede que pienses que eres feliz y contento con tu vida. Que no hay nada más que puedas desear. Que toda tu vida es exactamente lo que querías que fuera. Si ese es el caso real, entonces te aplaudo. Lograr esta clase de satisfacción en la vida no es una tarea fácil. Para la mayoría de nosotros, existe eso que tenemos que comprar o tal colegio al que debemos ingresar o esa tarea particular que debemos hacer. La vida es una lucha constante de un punto de verificación a otro.

Descansa tu mente (Rest Your Mind)

Vivimos en una época en la obtener demasiados logros se considera una virtud. La gente se enorgullece del hecho de que no tienen tiempo al final del día o que no gozan de tiempo libre para una vacación o relajarse. No puedo señalar el tiempo exacto en que el estrés y la ansiedad se volvieron glamorosas pero se dispersado lentamente como una epidemia. Los estudiantes con frecuencia estudian todo el día esperando obtener las mejores notas, los hombres de negocios profesionales trabajan en horarios extraños para obtener más clientes, los entusiastas desgarran sus cuerpos más allá de sus límites con la esperanza de obtener la figura perfecta. Todo es una carrera de ratas sin fin.

Haz una pausa momentánea y piensa en la meta principal de todo este esfuerzo extraordinario. Nueve de diez veces, se debe al deseo de más dinero y un estilo de vida más lujoso. ¿Aunque para que necesitamos tanto dinero? ¡Para impresionar a otros! Así que al final del día, todo lo que estamos hacienda es que estamos arriesgando nuestra salud física, emocional, y espiritual para ganar una competencia imaginaria entre nosotros.

Suena absurdo ¿no? Cuando lo vemos en retrospección, reconocemos que toda esta lucha y motivación es en vano. Claro, hay gente cuya lucha es real. Ellos están peleando contra enfermedades mortales o intentando salir de problemas financieros serios, pero para la mayoría de nosotros, la carrera de ratas sin fin en la vida, no es otra cosa que una competencia en la que nosotros nos hemos enlistado.

La estructura consumista y capitalista de nuestra sociedad nos empuja a creer que necesitamos obtener logros materiales para ser realmente felices en la vida. Observa toda la propaganda. ¿Qué dice? ¡Compra esta televisión y experimentaras un grandioso tiempo familiar! ¡Compra esta sartén antiadherente y serás físicamente saludable! ¡Come esto y te dejará con una sensación de euforia! Mira de cerca. ¿Qué intentan hacer? Intentan llenar un vacío en nuestras vida haciéndonos cree que las cosas materiales nos darán la satisfacción que necesitamos. Que todos los problemas espirituales y emocionales de nuestras vidas se solucionaran si solamente deslizamos la tarjeta de crédito y compramos el artículo. *¡Insensato!*

¿Realmente crees que comprar un bolso

de un nuevo diseñador glamoroso te hará sentirte mejor acerca de ti mismo? La verdad es que en tu corazón sabes su efecto solo durará poco, pero lo compras de cualquier forma porque así hemos sido condicionados y es el camino más fácil. Es mucho más fácil gastar ese dinero que ponerte en contacto contigo.

Entonces, te puedes estar preguntando ¿cuál es la solución?. La solución es evitar esa loca carrera de ratas para obtener la unidad contigo. Eso solo se puede lograr con meditación. La práctica de la meditación no solo puede mejorar tu concentración hacia el mundo externo, pero puede ayudarte a ponerte en contacto contigo. Cuando estas en unidad y en contacto con tus ángeles y demonios internos, solamente entonces puedes saber que es lo que realmente quieres en tu vida y existencia. La meditación te ayuda a obtener la claridad que requieres para la auto exploración.

No se puede negar que en la mitad de toda la presión social, obtener la unidad a través de la meditación puede ser un camino retador, pero al final del día, es altamente reconfortante ya que te liberará de todas las cadenas del estilo de vida moderno.

Capítulo 4

Metas Personales para Meditar

Tantas cosas de nuestra vida pasan frente a nuestros ojos en un destello porque nuestras entidades están divididas. Si intentas recordar las actividades que realizaste desde el amanecer al anochecer de ayer, las oportunidades son que solamente recuerdes algunas cosas. Parecería que la mayor parte de tu día paso en un ensueño del cual no tienes recuerdos o memoria. ¿Qué tan sorprendente es eso? Sabemos que estuviste haciendo algo durante ese tiempo de niebla, ¿pero porque no lo puedes recordar?

Es debido a que estabas en un estado de división mientras hacías eso. Tu mente estaba en algún lugar diferente al que estaba tu cuerpo. En otras palabras, no tenías control sobre ti. Es como esto la mayor parte del tiempo. Puedes discutir en contra de esto y decir que tuviste control absoluto sobre ti en todo momento. Sin embargo, piensa en ello, si tenías control absoluto sobre tu mente, se dispersaría con pensamientos aleatorios a mitad de ese examen importante. Cuantas veces te ha sucedido que no necesitas sentir ansiedad y tu mente te empuja consistentemente a un estado de pánico. ¿Cuántas veces te has encontrado llorando sin razón? Espero que veas mi punto.

La división de nuestro estado toma control de nuestra mente y cuerpo. De alguna forma, nuestro control se mantiene actuando, pero nuestras mentes divagan fuera de nuestro alcance. Parte de las metas de la meditación es recuperar el control. Vea un niño o animal, por ejemplo. Ella/el/este siempre se mantiene control de su mente. Un niño llora cuando el/ella quiere y se ríe cuando quiere. No hay risas histéricas o llantos sin razón. Todo esta bajo control.

Cuando nuestra mente se va de nuestro control, todavía tiene los asuntos diarios con los que tiene que lidiar. En este momento se va a modo de piloto automático. Tu cerebro empieza a tomar sus propias decisiones, basado en tus experiencias pasadas. Ves un perro e instantáneamente tienes miedo porque de niño te persiguió uno. Tu cuerpo y mente no pausan para registrar el lenguaje corporal de este perro en particular, pero tu mente toma una decisión instantánea por si misma.

Este modo de piloto automático, la perdida del control y la neblina mental es lo que la meditación desea exterminar. Una práctica de meditación te ayudará gradualmente a recuperar tu control mental que has perdido lentamente a lo largo del tiempo.

La verdad es que como humanos no podemos controlar todo lo que sucede en el mundo. No tenemos control sobre el cambio de estaciones o el comportamiento de otros. La única cosa que podemos controlar es nuestra propia mente y lo dejamos ir.

Ahora ¿Qué pasa cuando tienes control completo? Puedes tomar decisiones precisas, calculadas. Cuando tu mente no está en piloto automático y todas tus experiencias pasadas están frente a ti porque has eliminado esa neblina, ahora puedes tomar decisiones que son lo mejora para esta situación. Más control significa que tu mente está más abierta, más funcional y más receptiva. Todos hemos conocido o escuchado de gente que tienen un talento para tomar las mejores decisiones. No se debe a que tienen la suerte de su lado, se debe a que tienen su mente bajo control.

Hay tantos entre nosotros que no se dan cuenta de sus sueños y pasiones debido a sus miedos irracionales que su mente mantiene. Una recuperación de control significa que una persona que previamente ha tenido miedo de las alturas ahora se puede convertir en un piloto exitoso.

La práctica regular de la meditación en tu vida te permitirá controlar tu mente y no al revés.

Capítulo 5

Preparándote para Meditar

Puedes prepararte para la meditación en cualquier estado y momento practicando los siguientes cinco rituales:

1. Respiración

Cuando decides incorporar la meditación en tus actividades, empieza por respirar. El simple hecho de respirar es una acto milagroso. Puede parecer rutinario, pero eso no lo hace menos milagroso. Imagina, que simboliza respirar. Esto simboliza vida y vitalidad. Un hombre/mujer muerto no respire. El simple hecho de respirar en si mismo cubre a toda la vida. Intenta mantener tu respiración forzadamente por algunos minutos y te darás cuenta de la innegable importancia de respirar. Es la inhalación y exhalación del oxigeno lo que te mantiene siguiente, hablando y comiendo. Cuando practicas la respiración, no fuerces su ritmo. Deja que venga naturalmente. No intentes acelerar tu ritmo natural o tomes respiración profunda forzada. Ve con el flujo natural. Sin embargo, tanto como sea posible, intenta respirar a través de tu nariz en lugar de tu boca. Respirar a través de la boca es una práctica no saludable. Cuando has dominado el acto de la respiración simple, estarás listo para moverte al siguiente paso.

2. Concentración

El Segundo ejercicio consiste en enfocar toda tu concentración sobre el acto de respirar. Sigues tu inhalación a través de su curso. Desde la primera inhalación en el aire al punto dond este llena tus pulmones, dale tu atención completa. Siente como cambia tu cuerpo con cada inhalación. Se levantan tus hombros y tu pecho se expande. Todo tu sistema se siente rejuvenecido. Similarmente, cuando exhalas, todos los componentes indeseables dejan tu cuerpo biológicamente dióxido de carbón. De nuevo, tu cuerpo pasa por una serie de cambios físicos. Tu pecho cae y tus hombros se relajan. Sigue el curso de cada exhalación completamente hasta el punto donde sientas la necesidad física de inhalar nuevamente. Pueden existir interrupciones en la forma de pensamientos vagabundos. No caigas presa del anzuelo. En su lugar, enfoca toda tu concentración en este simple acto hasta que todo tu ser consista en solo inhalar y exhalar. De tal forma que toda tu existencia se contenga en ese acto.

3. Conciencia Corporal

Como establecimos anteriormente, que las prácticas Budistas la mente y el cuerpo son uno. Si deseas tener el control absoluto sobre tu mente, debes tener también el control de tu cuerpo. Esto significa estar conciente del estado y limitaciones de tu cuerpo. Nuestros cuerpos son increíbles herramientas multifuncionales. Sin embargo, aun los cuerpos en mejores condiciones tienen limitaciones. La más simple de las limitaciones es que no podemos volar sin importar cuanto intentemos. Cada cuerpo individual puede tener diferentes limitaciones. Tales como, dolores crónicas que limitan movimientos o de flexibilidad restringida. En meditación y sus formas diferentes, nosotros nunca empujamos el cuerpo más allá de sus límites. Esto no es como un ejercicio tradicional donde empujas tu cuerpo al punto de estar exhausto, en su lugar te mantienes en los límites que tu cuerpo impone. El cuerpo se trata como a un templo. En su lugar, moldeamos suavemente el cuerpo paso a paso para no ponerlo bajo tensión. Esto solamente se puede lograr con una conciencia completa del cuerpo en todo momento.

4. Liberando Tensión

Si tomas nota de tu cuerpo ahora mismo, te darás cuenta que estás tensando involuntariamente tus músculos. Un músculo en la pierna, los brazos o aun la cara. En todo momento, tenemos algunos músculos bajo estrés. Esto es solo una manifestación del estrés mental. Una vez que has obtenido conciencia corporal, empieza por relajar tu cuerpo completamente. Empieza con la cara libera la tensión alrededor de los ojos, la frente y la boca. Después muévete hacía abajo y relaja concientemente el cuello y los hombros. Estas son las partes del cuerpo que están más tensas en el estilo de vida actual. Relajar tus hombros no significa dejarlos caer. Es importante mantener una buena postura, pero se refiere a liberar la tensión de los músculos tensos. Después extiendo a los brazos y relaja los dedos para que se curven de manera natural hacia adentro. Sigue liberando tensión del torso, las piernas y finalmente los dedos. Descubrirás que liberando el estrés físico, también se libera estrés mental.

5. Coordinando movimientos corporales

Aquí es donde la práctica del yoga avanzado entra en juego. La respiración se empata al movimiento fluido del cuerpo. Esto se hace de tal forma que el balance perfecto entre los movimientos corporales y la respiración se logran. Las poses del cuerpo se cambian con cada inhalación y exhalación. Esta clase específica de práctica se llama Yoga Vinyasa y es una práctica de ritmo rápido que rivaliza en algunas formas con el ejercicio tradicional. Sin embargo, no es indispensable llegar a la Yoga Vinyasa para este paso. También lo puedes lograr con solo ligar tu respiración con el ritmo de tus pies conforme caminas. Levanta tu pie e inhala y colócalo un paso adelante con la exhalación. Te sentirás infinitamente más en control cuando tu mente y cuerpo trabajen juntos en armonía.

Capítulo 6

Obstáculos Comunes en Meditación

Antes de que empecemos a hablar sobre obstáculos, es importante aclarar el significado del término "presente" en el contexto de meditación. De acuerdo al lenguaje general, presente es un momento que es ahora mismo. Mientras estas sentado aquí, hay varias cosas que pueden suceder de fondo. Alguien puede estar viendo televisión. Si la televisión muestra un programa en vivo, las acciones en la TV están sucediendo ahora mismo. Todo esto esta sucediendo en el presente, no está pasando en "tu presente".

Esto puede sonar confuso. Dejamos explicartelo. De acuerdo al vipassanāvāda, tu presente envuelve solamente las cosas que tu estas experimentando directamente. Si tu estuvieras viendo ese programa y tus sentidos estuvieron respondiendo al contenido del programa en la pantalla, entonces será parte de tu presente. Sin embargo, ya que este no es el caso, no es tu presente. Esto es solo una distracción. Miles de cosas están sucediendo alrededor del mundo, en este preciso momento. Bebes están naciendo, gente está muriendo, alguien puede estar cocinado, alguien más puede estar comiendo y más. Sin embargo, ninguna de estas cosas son parte de tu realidad. En el contexto de meditación, el presente es solamente un estado del cual tu eres parte.

La distracción resulta cuando la mente se desvía de tu realidad personal hacia otros hechos. Puede ser el sonido de la televisión en el fono o la música tocando en algún lugar lejano. También puede ser el anzuelo de los medios sociales o los mensajes de texto en tu teléfono móvil.

Para evitar la distracción, la primer y más importante cosa que necesitas hacer es fijar fronteras de tu presente. Por ejemplo, si estas trabajando en una tarea para la escuela o el trabajo, al momento de tu presente constituye el material requerido para esa tarea y los pensamientos y memorias relativas a esa tarea. Todas las otras cosas que se apilan alrededor y dentro de ti no son parte de tu presente en ese momento.

La práctica exitosa de la meditación puede ayudarte en separarte de tu presente frente al desorden asociado. Esto requiere conciencia y concentración propia. Al concentrarte activamente puedes llevar a la superficie, desde las profundidades de tu memoria las memorias, las ideas y pensamientos asociados con esa tarea particular. Te has preguntado porque en un examen un lote de hechos e ideas te vienen durante tu escritura. Tú lees una pregunta pero la respuesta no aparece en tu mente. Sin embargo, en cuanto empiezas a juntar tus pensamientos y empiezas a escribir, empiezas a recordar lentamente todo lo que has aprendido y memorizado. Las clases a las que pudiste haber asistido empiezan a reproducirse en tu mente. Este es un ejemplo simple de meditación. Cuando enfocas toda tu atención hacia aquella pregunta, le dictas a tu mente que esta pregunta particular es tu presente ahora. Nuestras mentes se conectan naturalmente a vivir en el presente. Una vez que tu cerebro tiene la señal empieza a recolectar y traer a la superficie todo el material asociado con esa realidad.

Esta clase de meditación se puede cambiar y permitirnos claridad en nuestras mentes. Esto es lo que la meditación en un término específico o palabra obtiene. Esto es porque los hombres religiosos (y mujeres) dicen que se siente más cerca de Dios (que puede ser llamado el alma del universo) durante la meditación. Cuando enfocas activamente toda tu concentración hacia un aspecto especifico de ti mismo, tu mundo lleva a la superficie todas las emociones y pensamientos asociados a esto. De esta forma te das cuenta de cosas que están presentes en tu mente subconsciente.

Pregunta a cualquier estudiante y el/ella te dirá que el flujo constante de distracciones externas e internas es la única cosa que se interpone entre ellos y el éxito del examen. Los estudiantes o cualquier otro individuo pueden usar estas simples prácticas de meditación para enfocar su atención a la tarea particular. La práctica más simple para protegerse de las distracciones envuelve la conciencia y concentración. El primer paso es estar conciente de todas las cosas que no deben ser parte del presente que rodea tu tarea. También el estar conciente de lo que pasa de forma externa o de los pensamientos internos causan las distracciones más grandes en atención para ti. Eso solo se puede obtener observándote a ti mismo. El Segundo paso envuelve la concentración activa para enfocar toda la atención y sentidos hacia tu presente que has decidido. Si has estado practicando la meditación en general, el segundo paso será considerablemente más fácil.

Capítulo 7

Posturas de Medición

Aun cuando puedes meditar en cualquier posición en cualquier momento, la meditación concentrada requiere de unas posturas específicas. Tú puedes elegir una postura que puedas mantener cómodamente por al menos diez a quince minutos.

La postura perfecta para cada uno es diferente. Por lo tanto, he compilado una lista de algunas posturas comunes que son usados ampliamente alrededor del mundo.

1. Sentado en una Silla

Esta es la postura más simple y es apropiado para la mayoría de las personas ya que hay soporte para la espalda. Debido a esto, aun los ancianos se pueden sentar fácilmente en esta postura. Todo lo que necesitas hacer es tomar una silla de madera sencilla con el respaldo recto. Siéntate en ella con las piernas cerradas y las rodillas alineadas con los tobillos. Idealmente las rodillas deben estar por debajo de las nalgas para elevarlas.

2. Seiza

Esta postura también se conoce como arrodillarse y require soporte de las rodillas y flexibilidad en los isquiotibiales. Siéntate en el piso o sobre un cojín y dobla tus piernas debajo de ti de tal forma que los pies señalen hacia fuera y toquen las nalgas. También puedes colocar una toalla doblada o un cojín pequeño entre los pies y las nalgas para comodidad agregada. Alternativamente hay una banca seiza. Esta postura es cómoda y calculada. Meditar en esta posición ayuda a mejorar la concentración y mantener la disciplina.

3. Estilo Birmano

Esta posición también es una postura de yoga y es genial para principiantes. Necesitas sentarte en el suelo con tus piernas tocando el piso. Ambas pantorrillas y piernas deben estar alineadas horizontalmente con el piso y la espalda se debe mantener recta. Al igual que con la posición de la silla, las nalgas deben estar idealmente sobre las rodillas. Un cojín se puede usar para ayudar en ello.

Esta posición es grandiosa para ejercicios de respiración de principiantes. Ya que el cuerpo no está en una posición incomoda, puedes enfocarte realmente en la ida y venida del aliento en contra de preocuparte de la incomodidad en tus tobillos o cualquier otra parte de tu cuerpo.

4. Medio Loto

Esta posición es muy similar al estilo Birmano, pero a diferencia de tener a ambos pies en la tierra, un pie descansa sobre el muslo de la otra pierna. El otro pie va bajo el muslo del pie opuesto. Esta posición es asimétrica y por lo tanto requiere de un balance superior. Enfocarse en mantener el balance puede ser una práctica meditativa por si misma. Para comodidad, puedes alterna la posición de los pies conforme pasa el tiempo.

5. Loto Completo

Nuevamente es bastante similar al estilo Birmano, pero ahora ambos pies descansan en el muslo opuesto. Hay mucha presión en los isquiotibiales, por lo tanto solo se debe intentar si te puedes sentar cómodamente por periodos prolongados. Puedes necesitar incrementar tu flexibilidad y estirar tus músculos antes de articular exitosamente esta posición. De ora forma, hay una gran riesgo de lastimarte las rodillas.

La posición de Loto Completo es la posición más estable, por lo tanto ayuda a enfocar la mente y concentración.

6. Acostado

Esta postura es perfecta para aquellos con Dolores de espalda o problemas similares. Simplemente acuéstate sobre una superficie plana. El suelo es lo mejor. No te recuestes sobre colchones que mantienen tu espalda recta. Dobla tus rodillas y mantenlas alrededor de la distancia de la cadera. Dobla tus manos sobre el estómago.

Esta posición es muy fácil, pero la mayor desventaja es que algunas personas empiezan a sentirse soñoliento durante la meditación. Si puedes evitar caer en la trampa de dormir, entonces es realmente una buena postura para principiantes y ancianos.

Capítulo 8

Elementos y Tipos de Meditación

La meditación es un mundo pequeño pero esconde un vasto y diverso significado. Ahí existen varias escuelas diferentes de pensamientos y meditación. Todas estas escuelas de pensamiento que abogan por diferentes tipos de meditación. Aun cuando difieren en detalles, la meta final es lo mismo para unificar la mente y el cuerpo.

A continuación una lista de algunos tipos diferentes de meditación. Puedes elegir cualquiera que te acomode, mientras te sientas a gusto con ella. También puedes mezclar, empatar y barajar, de acuerdo a tus necesidades particulares.

Listed below are some types of meditation. You can choose any that suits you, as long as you are comfortable in it. You can also mix, match and shuffle, according to your particular needs.

1. Atención Enfocada

Este es el tipo más común y extendido. De hecho, es tan popular que algunas personas tienen una idea errada de que es el único tipo de meditación. Lo que haces es elegir un objeto o parte de tu cuerpo y después enfocas toda tu atención en eso. Tan pronto como la atención empieza a desviarse, se jala nuevamente al objeto. El objeto puede ser cualquier cosa común o especial. Algunas personas creen que meditar en objetos específico, especialmente piedras, inspiran cierto tipo de resultados. La meditación de atención enfocada mejora la concentración. Cuando te acostumbres a la idea de enfocarte en un objeto singular, se vuelve más fácil a mantener tu enfoque en tus estudios o cualquier otro trabajo a mano.

2. Monitoreo Abierto

Este tipo de meditación es ligeramente más avanzada. En lugar de enfocarte en algún objeto, los sentidos y la mente se mantienen abiertos para tomar todo en el ambiente. Aun cuando te das cuenta y registras todo a tu alrededor, no reaccionas a ello o pasas juicios sobre esto. Por ejemplo, si hay música de fondo, no juzgas la música o respondes a ello. Solo lo tratas como una presencia. El monitoreo abierto también significa poner atención a los detalles. En la vida normal, olvidamos fijarnos en los detalles de muchas cosas. Este no es el caso en el monitoreo abierto. Estas presente en el ambiente, pero te enseñas a ti mismo para volverte indiferente a ello. El monitoreo abierto es útil en controlar los estímulos basados en reacciones negativas como estrés, ansiedad y tensión. Los practicantes aprenden a separar los eventos de sus reacciones. Los eventos no están bajo tu control pero tu reacción a ellos si lo esta.

3. Prescencia sin Esfuerzo

Alan Cohen dijo una vez "Si no puedes meditar en un cuarto de caldera, no puedes meditar en lo absolute" Esta cita, básicamente resume la esencia de la presencia sin esfuerzo. La mayoría de nosotros tiene una noción preconcebida de que necesitamos un lugar segregado para sentarnos y meditar. Mientras este acercamiento es grandioso para principiantes, no lo es todo ni el final.

La meditación es sinónimo de estar en control de tus pensamientos y reacciones en todo momento. La presencia sin esfuerzo es solo eso. Te expones a varios estímulos placenteros y desagradables, y después intentar en control. No necesitas un espacio de práctica o una hora específica para hacer esto. Puedes practicar la presencia sin esfuerzo todos los días, en todo momento. Al trabajo, en la escuelas, mientras estas atorado en el tráfico y en casa.

No mentiré diciendo que esto es fácil. Mantenerte bajo control es tal vez la cosa más difícil del mundo, pero con la ayuda de otros dos tipos y la determinación constante, ¡llegarás lentamente!

Capítulo 9

Dándote Cuenta de los Beneficios de la Meditación

La meditación no es un dogma que noshan empujado por la garganta. Es una técnica intentada y probada que ha sido practicado en el Este por siglos. No es una tendencia. Es definitivamente una moda cultural. No es una onda pasajera. La meditación ha estado alrededor por siglos y ha madurado su tiempo de prueba. Solo ha sido posible debido a la meditación trae cambios tan positivos en la vida que no son posibles de otra forma.

1. Logra el Éxito Mundano

Para mucha gente, el éxito mundano se obstaculiza por la falta de concentración. El estrés entre profesionales, las distracciones en la vida estudiantil y la desmotivación de las personas que se quedan en casa pueden obstaculizar la velocidad del progreso de la familia entera y de la nación. Con la ayuda de la meditación correctamente guiada, se puede mejorar la concentración la que en cambio mejorará las oportunidades de éxito en el examen y la profesión. Una observación en conciencia, también puede brindarte una visión clara de lo que realmente persigues en tu vida.

2. Evita la Negatividad en la Vida

Mucha negatividad fluye desde emociones y sentimientos negativos como los celos, discriminación, avaricia, envidia y culpa. Todas estas emociones negativas terminan por levantar las manos porque no podemos ejercitar el control sobre nuestra mente. ¿Cuantas veces ha pasado que sentimos una emoción negativa que sabemos que esta errada, pero no somos capaces de deshacernos de ella? Sucede que como permitimos a nuestra mente controlarnos y nuestras reacciones. Si practicamos meditación, nos puede ayudar a mantener a raya las emociones negativas y por lo tanto nos permite convertirnos en mejores personas.

3. Reduce el Estrés

La meditación active ha demostrado científicamente que reduce el estrés y sus efectos negativos. El Centro Médico de la Universidad de Massachusetts presentó el Programa de Reducción de Estrés Basado en la Atención Plena en 1979. El programa fue iniciado por Jon Kabat-Zinn. Es un programa de ocho semanas que ayuda a los pacientes crónicos para estar en Atención plena de las actividades y respuestas de sus cuerpos. Este combina la meditación con yoga para de hecho reparar y curar el cuerpo. El grupo se reúne una vez a la semana para practicar varias poses específicas de yoga con una concentración dirigida a las respuestas del cuerpo con cada movimiento fluido.

Desde su inauguración en 1979, el Programa de Reducción de Estrés Basado en la Atención Plena ha mostrado gran progreso y promesas. Varios pacientes crónicos han seguido el programa de cerca y han moldeado sus vidas a ser más concientes han mostrado grandes progresos. El programa guía pacientes y estudiantes en como manejar con las emociones y reacciones negativas.

Since its inauguration in 1979, Mindfulness Based Stress Reduction Program has shown great promise and progress. Many chronic patients who have followed the program closely and have moulded their lives to be more mindful have shown great progress. The program guides patients and students on how to deal with negative emotions and reactions.

4. Aliviar la Inquietud

El flujo constante de pensamientos en nuestras mentes nos mantiene en el borde de nuestros asientos respectivos. Ni tan solo por un solo momento somos capaces de disfrutar o apreciar lo que tenemos. Aun cuando estamos presentes físicamente en algún lugar, nosotros deseamos estar en algún otro lugar.

Aun cuando estamos en una postura (física o figurativamente) donde esperamos estar, estamos mentalmente en algún otro lugar. Podemos haber planeado una vacación a las Cataratas del Niágara, ahorrado el dinero para ello y soportado los dolores del viaje para llegar ahí. Ya que estamos ahí, nos absorbemos tomando fotos para ponerlas en foro de medios sociales. Estamos haciendo una lista de cosas, les decimos a nuestros amigos cuando regresamos. No estamos disfrutando la belleza escénica. No estamos en el momento. Aun por el momento que tan meticulosamente esperamos alcanzar.

La mediación quiere romper este hábito de inquietud regresándonos al presente. La meditación a cierto nivel significa estar completamente envuelto con toda tu mente, cuerpo y alma en el momento presente. Solamente liberamos nuestras mentes de la agitación constante, nos podemos aliviar de la inquietud.

5. Libera el Dolor Físico

Cualquiera que sufre de dolor crónico se puede relacionar al hecho de que el dolor limita drásticamente las opciones en tu vida. Debes planear tus actividades de acuerdo a la naturaleza y severidad del dolor que sufres. Las medicinas son curas temporales ya que no hay tratamiento disponible. Encima de eso hay una incertidumbre constante de cuando puedes sufrir ese dolor. La meditación puede ayudarte a recuperar el control de tu vida en la que el dolor crónico te lo ha quitado. Te puede liberar de ese sentimiento de impotencia en el cual ya no puedes hacer lo que te place.

Capítulo 10

Haciendo de la Meditación una Práctica Diaria

Una idea errada que existe en la mente de varios occidentales es que necesitas tener una posición especial o una postura determinada para practicar meditación. Cuando pedimos que imaginen la meditación, la mayoría de las personas forman una imagen mental que incluyen a un hombre viejo sentado sobre el piso con los ojos cerrado o mirando a la nada. Aun cuando esa es una forma de meditación, no es la única.

Te puedes sorprende de escuchar que puedes practicar la meditación en cualquier lugar que quieras. Ya sea en el trabajo, la escuela o durante las tareas diarias. La meditación es el nombre dado a un estado mental y no una postura física. Mantener tu cuerpo en una posición física apropiada te ayuda a mantener una mente enfocada, pero no es absolutamente necesaria.

Una forma certificada de practicar la meditación en tu vida diaria es concentrar todo tu foco corporal y energía mental hacía la tarea en mano. Con frecuencia, cuando estamos caminando o paseando por un parque, no estamos conectados con los eventos alrededor de nosotros. Estamos absortos en nuestros propios pensamientos y planes que tendemos a ignorar todo lo que sucede a nuestro alrededor. El viento soplando sobre nuestro cabello, el crujir de las hojas bajo nuestros pies, el rayo dorado en nuestras caras; somos inconcientes de toda la belleza a nuestro alrededor. Comúnmente pensamos que cuando llegas a casa después de un paseo alrededor de la cuadra, no puedes recordar todos los detalles de tu paseo. Como máximo puedes señalar algunos puntos de referencia u ocurrencias inusuales que sucedieron. El resto tiendes a ignorarlo por ser muy mundano.

Esto sucede porque tu cuerpo y mente están divididos. Mientras estas físicamente caminando por el sendero, tus sentidos no están concientes de cosas que pasan a tu alrededor porque tu mente está en otro lugar. Puedes estar planeando tu siguiente cena o lo que vas a usar en la próxima fiesta. De cualquier forma te has dividido.

Debido a esta división toda tu energía no está enfocada en un ponto. Esta es la razón por la que la mayoría de nosotros no somos capaces de desempeñarnos adecuadamente las tareas de la vida. Ya sean los exámenes, una tarea o una presentación en el trabajo, con frecuencia sentimos que no hemos hecho lo mejor de lo que somos capaces. Esto se debe durante la preparación y aun durante la tarea, nuestros estados están divididos. ¿Cómo puede una persona dividida dar un resultado eficiente?

Puedes empezar a incorporar la meditación en tu vida diaria manteniéndote en un estado unificado aun durante las tareas más simples de las tareas diarias. Toma el ejemplo mencionado anteriormente de pasear por el parque e incorpora la meditación en ello. En lugar de estar perdido en tus pensamientos, fuérzate a llevar tu atención mental a la tarea a mano. Con todos tus sentidos, enfócate en el acto de caminar. No pienses en la maravilla de cómo algunas personas pueden caminar. No te enganches tu mente en pensamientos que no estén relacionados al momento. En su lugar, intenta deshacer todos los pensamientos externos y enfócate en las sensaciones de tu cuerpo conforme el viento sopla a través de tu cabello o como cuando pones el pie en el suelo.

Será difícil al inicio ya que todas las distracciones inundarán tu mente. Sin embargo, si te pones en el esfuerzo y mantiene tu mente clara de todos los pensamientos innecesarios, empezaras a sentir el sentido de infinito y un leve mareo.

Esto pasará porque conforme unificas tu propio ser, empiezas a unificarte con todo el universo. Mencione anteriormente que todo está conectado. Así que cuando te deshaces de la división dentro de tu propio ser, formas una conexión con el universo que te da una sensación de regocijo.

Lentamente, puedes empezar a usar la meditación en todas tus tareas diarias. Mientras estudias, mientras trabajas y aun mientras realizas las tares diarias de casas. Cosas que parezcan aburridas y cansadas dejaran parecerlo. Esto se debe al concepto de aburrimiento y cansancio como resultado de nuestro modo de piloto automático. Nuestro cerebro se conecta automáticamente con los sentimientos negativos. Cuando practicas meditación, no hay un criterio de alimentación previa. Estas eliminando el modo de piloto automático, por lo tanto no necesitas las emociones negativas.

Ya que incorporas la meditación de tus actividades diarias y mundanas, en el estado mental no natural de la división mental y física y se marchitará que emergerá como un tu mucho mejor y más feliz.

Conclusión

En algún nivel profundo, todos luchamos por la feliz incondicional. Corremos tras cosas, creyendo que eso nos dará felicidad. El nuevo televisor, ese tono particular de lápiz labial, la membresía del club de golf. Trabajamos demasiado intentando obtener y alcanzar algo en particular. Cuando no lo poseemos, sentimos una felicidad momentánea, una sensación de euforia. Sin embargo esa felicidad dura poco. Muy pronto la novedad de esa cosa se desvanece y el estancado estado de infelicidad regrese. Para afrontarlo, empezamos a perseguir otro milagro, otro sueño falso que nos promete felicidad. Nos atoramos en este ciclo de casar felicidad. Olvidamos nuestro deseo innato de ser mejor que nuestro yo anterior.

Caminar el sendero de la meditación puede llevar a un fin de este ciclo de perseguir la felicidad. Una vez que abrimos nuestras mentes y almas, permitimos que la felicidad real venga a nosotros en lugar de perseguirla por la calle. Nos dejamos abiertos y vulnerable a nuevas y excitantes sensaciones y experiencias. Solo por experimentar e intentar algo nuevo intentamos empujar nuestras fronteras. Es empujando nuestras fronteras que encontramos un camino bien iluminado, pero un camino poco transitado que nos puede permitir evolucionar, para cambiar y ser mejores que nosotros mismos.

No es un camino simple o sencillo. Como todos los caminos, viene con sus retos y sus propias dificultades. Sin embargo, si eliges caminarlo, puede convertirte en una mejor persona en el proceso. Recuerda que este camino no tiene fin. Esto no es exactamente un viaje porque todo viaje tiene un destino. Esto tampoco es vagar, ya que vagar no tiene propósito. Esto es algo entre eso, donde el viaje en si es el resultado.

Cuando decides tomar este viaje en el camino de la meditación, gradualmente te darás cuenta del control de tu vida regresa a ti. Te encontrarás gradualmente siendo menos esclavo de los factores externos e internos. Conforme recuperas el control de tu vida, ahora puedes decir que es lo que quieres hacer con eso. Ya que tú y solo tú tienen el control de tu vida, la puedes moldear a cualquier forma que tú deseas. Puedes cambiar tu vida en una historia que tú deseas. Ahora eres tu propio maestro. Con este sentido de control y la nueva habilidad que has encontrado para moldear tu vida en cualquier forma que tu desees, encontrarás un nuevo sentimiento exaltado de logro. Esta clase de logro no es nulo ni vacío. En su lugar, te lleva a tu realización. El tipo de realización que te llevará a detener la constante batalla entre tu mente, cuerpo y alma. Dejarás de ser varias piezas mezcladas en una entidad. Encontrarás que tu existencia completa está completa, unificada y sin interrupción. Como humanos, tenemos la tendencia natural de ser completos y unificados. Es la forma en la que el mundo nos divide en varias piezas diferentes. Cuando regresas a ese estado de unidad natural, encontrarás que de ahí en adelante puedes iniciar el proceso de progreso. No puedes revolucionar el mundo sin silenciar primero tus demonios internos.

La meditación como filosofía no dice que es la última medicina milagrosa que resolverá todos tus problemas de vida. La única cosa que dice y que puede entregar es que recorrer el camino de la meditación te dará el coraje e iluminación para enfrentar sus problemas con una nueva fuerza.

La meditación no te enseñara alguna forma mágica de "tratar" con la vida. La vida no se supone que sea algo con lo que tienes que tratar. Se supone que debe ser vivida y disfrutada. La meditación te guía para vivir la vida al máximo.

www.ingramcontent.com/pod-product-compliance
Lightning Source LLC
Chambersburg PA
CBHW071907070526
44583CB00016B/1877